Annexes - Matériel

Jésus Bonne Nouvelle

SDC Coutances et Avranches
SDC Bayeux et Lisieux

LE SÉNEVÉ

CARTE DU PAYS
DE JÉSUS
Mer
Méditerranée
PHÉNICIE
GALILÉE
Capharnaüm
Lac
de
Tibériade
Nazareth
Cana
Mont Tabor
SAMARIE
DÉCAPOLE

Embarquement immédiat
Étape 2
Le pays de Jésus
« Il y a 2000 ans »

Embarquement immédiat
Étape 2
Le pays de Jésus
« Il y a 2000 ans »

Embarquement immédiat
Étape 2
Le pays de Jésus
« Il y a 2000 ans »

Embarquement immédiat
Étape 2
Le pays de Jésus
« Il y a 2000 ans »

Embarquement immédiat
Étape 2
Le pays de Jésus
« Il y a 2000 ans »

Embarquement immédiat
Étape 2
Le pays de Jésus
« Il y a 2000 ans »

Embarquement immédiat
Étape 2
Le pays de Jésus
« Il y a 2000 ans »

Embarquement immédiat
Étape 2
Le pays de Jésus
« Il y a 2000 ans »

Embarquement immédiat
Étape 2
Le pays de Jésus
« Il y a 2000 ans »

Embarquement immédiat
Étape 2
Le pays de Jésus
« Il y a 2000 ans »

Embarquement immédiat
Étape 2
Le pays de Jésus
« Il y a 2000 ans »

Embarquement immédiat
Étape 2
Le pays de Jésus
«Il y a 2000 ans»

Embarquement immédiat
Étape 2
Le pays de Jésus
«Il y a 2000 ans»

Retrouvez d'autres silhouettes et des décors dans les ouvrages *Paroles de Vie - Avec Jésus* et *Paroles de Vie - Avec Dieu le Père, vivre en frères*.
Vous pourrez enrichir votre collection de silhouettes et animer d'autres épisodes bibliques.

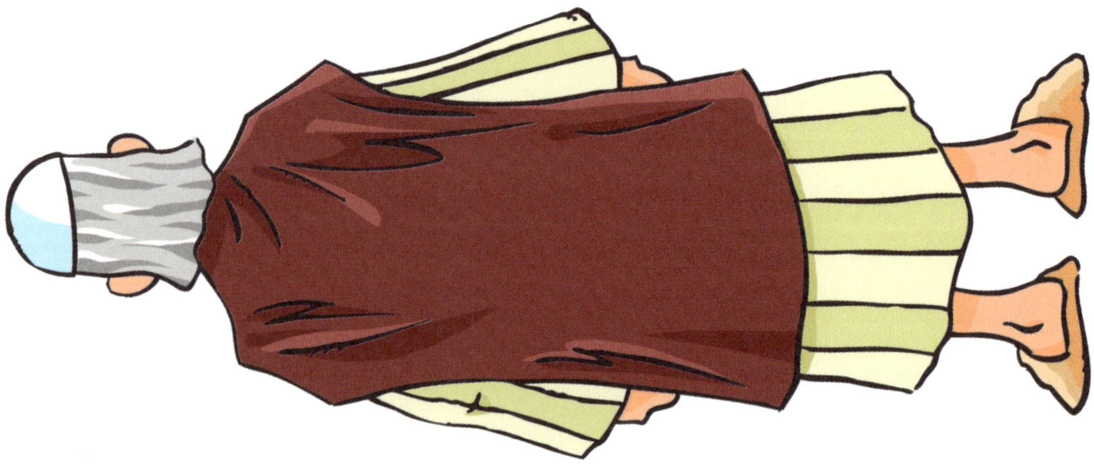

Marc 10,13-16

Luc 23,33-34

Marc 2,1-12

Heureux
les doux,
ils obtiendront
la terre
promise.

Matthieu 5,4

Certains enfants
sont souvent
seuls.
Nous avons
partagé nos jeux
et nos goûters.

Heureux
les artisans
de paix.
Ils seront
appelés
fils de Dieu.

Matthieu 5,9

Avec mon frère,
je me suis
bagarré.
Papa nous
a aidés à faire
la paix.

Heureux
les miséricordieux,
ils obtiendront
miséricorde.

Matthieu 5,7

Dans la classe,
il y avait
un enfant triste.
Je suis allé
lui parler.

Appelé à la sainteté
Étape 3
Jésus m'appelle
sur ce chemin
de bonheur

Appelé à la sainteté
Étape 3
Jésus m'appelle
sur ce chemin
de bonheur

Appelé à la sainteté
Étape 3
Jésus m'appelle
sur ce chemin
de bonheur

Appelé à la sainteté
Étape 3
Jésus m'appelle
sur ce chemin
de bonheur

Appelé à la sainteté
Étape 3
Jésus m'appelle
sur ce chemin
de bonheur

Appelé à la sainteté
Étape 3
Jésus m'appelle
sur ce chemin
de bonheur

Appelé à la sainteté
Étape 3
Jésus m'appelle
sur ce chemin
de bonheur

Appelé à la sainteté
Étape 3
Jésus m'appelle
sur ce chemin
de bonheur

Appelé à la sainteté
Étape 3
Jésus m'appelle
sur ce chemin
de bonheur

Marc 10,13-16

Luc 23,33-34

Marc 2,1-12

Heureux
les pauvres
de cœur :
le Royaume
des cieux
est à eux !

Matthieu 5,3

Hier,
je me suis fâché
très fort.
J'ai dit
au Seigneur
que je regrettais
ma colère.

Heureux
ceux qui pleurent,
ils seront
consolés.

Matthieu 5,5

Je suis tombé
de vélo.
Je me suis
fait mal.
Maman est venue
me consoler.

Heureux
ceux qui ont faim
et soif de justice :
ils seront
rassasiés.

Matthieu 5,6

Dans le monde,
des enfants
meurent de faim.
Avec les copains,
on a décidé
d'agir.

Appelé à la sainteté
Étape 3
Jésus m'appelle
sur ce chemin
de bonheur

Appelé à la sainteté
Étape 3
Jésus m'appelle
sur ce chemin
de bonheur

Appelé à la sainteté
Étape 3
Jésus m'appelle
sur ce chemin
de bonheur

Appelé à la sainteté
Étape 3
Jésus m'appelle
sur ce chemin
de bonheur

Appelé à la sainteté
Étape 3
Jésus m'appelle
sur ce chemin
de bonheur

Appelé à la sainteté
Étape 3
Jésus m'appelle
sur ce chemin
de bonheur

Appelé à la sainteté
Étape 3
Jésus m'appelle
sur ce chemin
de bonheur

Appelé à la sainteté
Étape 3
Jésus m'appelle
sur ce chemin
de bonheur

Appelé à la sainteté
Étape 3
Jésus m'appelle
sur ce chemin
de bonheur

E.P.B

Appelé à la sainteté
Étape 1
Jésus appelle ses amis à le suivre
« L'appel des disciples »

Appelé à la sainteté
Étape 1
Jésus appelle ses amis à le suivre
« L'appel des disciples »

Appelé à la sainteté
Étape 1
Jésus appelle ses amis à le suivre
« L'appel des disciples »

Dessins pour soutenir les récits et/ou temps de prière

Accueille et transmets
la Parole
Étape 1 - L'Annonciation
« Pour raconter »

Accueille et transmets
la Parole
Étape 1 - L'Annonciation
« Pour raconter »

Accueille et transmets
la Parole
Étape 1 - L'Annonciation
« Pour raconter »

Accueille et transmets
la Parole
Étape 1 - L'Annonciation
« Pour raconter »

Accueille et transmets
la Parole
Étape 1 - L'Annonciation
« Pour raconter »

Accueille et transmets
la Parole
Étape 1 - L'Annonciation
« Pour raconter »

Dessins pour soutenir les récits et/ou temps de prière

Accueille et transmets la Parole
Étape 1 - L'Annonciation
« Pour raconter »

Accueille et transmets la Parole
Étape 1 - L'Annonciation
« Pour raconter »

Accueille et transmets la Parole
Étape 1 - L'Annonciation
« Pour raconter »

Accueille et transmets la Parole
Étape 1 - L'Annonciation
« Pour raconter »

Accueille et transmets la Parole
Étape 1 - L'Annonciation
« Pour raconter »

Accueille et transmets la Parole
Étape 1 - L'Annonciation
« Pour raconter »

Accueille et transmets
la Parole
Étape 1 - L'Annonciation

Accueille et transmets
la Parole
Étape 1 - L'Annonciation

Accueille et transmets
la Parole
Étape 1 - L'Annonciation

Accueille et transmets
la Parole
Étape 1 - L'Annonciation

Accueille et transmets
la Parole
Étape 1 - L'Annonciation

Accueille et transmets
la Parole
Étape 1 - L'Annonciation

Le chef
de ceux
qui récoltent
l'argent
pour les impôts.

Zachée veut
voir Jésus.

Zachée
accueille Jésus
avec joie.

Les gens
disent
que c'est
un pécheur.

Jésus regarde
Zachée.

La rencontre
avec Jésus
a changé
Zachée.

Un homme
riche.

Jésus appelle
Zachée
par son nom.

Je vais donner
la moitié
de ma fortune
aux pauvres.

Les gens
ne l'aiment pas.

Jésus parle
à Zachée.

Si j'ai volé
quelqu'un,
je lui rendrai
quatre fois plus.

Pour voir
Jésus,
Zachée monte
dans un arbre.

Zachée,
descends vite.
Aujourd'hui,
je dois venir
demeurer dans
ta maison.

Zachée
accueille Jésus
avec joie.

Aujourd'hui,
la paix est
entrée
dans cette
maison.

Vivons en frères
Étape 2
Jésus et Zachée

Vivons en frères
Étape 2
Jésus et Zachée

Vivons en frères
Étape 2
Jésus et Zachée

Vivons en frères
Étape 2
Jésus et Zachée

Vivons en frères
Étape 2
Jésus et Zachée

Vivons en frères
Étape 2
Jésus et Zachée

Vivons en frères
Étape 2
Jésus et Zachée

Vivons en frères
Étape 2
Jésus et Zachée

Vivons en frères
Étape 2
Jésus et Zachée

Vivons en frères
Étape 2
Jésus et Zachée

Vivons en frères
Étape 2
Jésus et Zachée

Vivons en frères
Étape 2
Jésus et Zachée

Vivons en frères
Étape 2
Jésus et Zachée

Vivons en frères
Étape 2
Jésus et Zachée

Vivons en frères
Étape 2
Jésus et Zachée

Vivons en frères
Étape 2
Jésus et Zachée

Vivons en frères
Étape 2
Jésus et Zachée

Vivons en frères
Étape 2
Jésus et Zachée

Vivons en frères
Étape 2
Jésus et Zachée

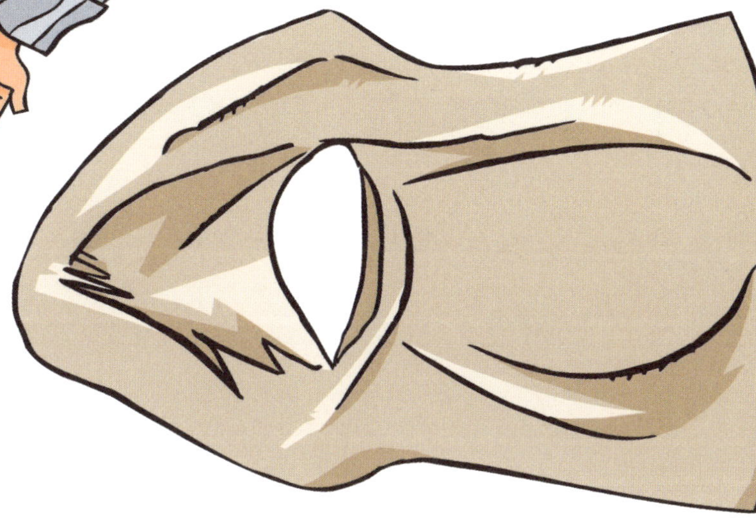

Retrouvez d'autres silhouettes et des décors dans les ouvrages *Paroles de Vie - Avec Jésus* et *Paroles de Vie - Avec Dieu le Père, vivre en frères*. Vous pourrez enrichir votre collection de silhouettes et animer d'autres épisodes bibliques.

Reçois une vie nouvelle
Étape 4
De l'entrée à Jérusalem
à la mise au tombeau

Reçois une vie nouvelle
Étape 4
De l'entrée à Jérusalem
à la mise au tombeau

E.P.B

Reçois une vie nouvelle
Étape 4
De l'entrée à Jérusalem
à la mise au tombeau

Reçois une vie nouvelle
Étape 4
De l'entrée à Jérusalem
à la mise au tombeau

Reçois une vie nouvelle
Étape 4
De l'entrée à Jérusalem
à la mise au tombeau

Quand il est entré dans Jérusalem
La foule a chanté son nom !
Quand il est entré dans Jérusalem
Ils ont fleuri leurs maisons !

Il a partagé le pain et le vin,
C'était son dernier repas !
Il a partagé le pain et le vin,
Même Judas était là !

Armés de bâtons, ils l'ont arrêté,
Il s'est rendu sans un cri !
Armés de bâtons, ils l'ont arrêté,
Ses amis se sont enfuis !

Il faisait grand jour quand ils l'ont cloué
Sur les branches de la croix !
Il faisait grand jour quand ils l'ont cloué,
Il est mort au Golgotha !

Reçois une vie nouvelle
Étape 4
De l'entrée à Jérusalem
à la mise au tombeau

Reçois une vie nouvelle
Étape 4
De l'entrée à Jérusalem
à la mise au tombeau

Reçois une vie nouvelle
Étape 4
De l'entrée à Jérusalem
à la mise au tombeau

Reçois une vie nouvelle
Étape 4
De l'entrée à Jérusalem
à la mise au tombeau

1
2
3

Annonce la Bonne Nouvelle
Étape 1
Jésus ressuscité se manifeste à ses disciples
«Marcher avec les pèlerins d'Emmaüs»

Annonce la Bonne Nouvelle
Étape 1
Jésus ressuscité se manifeste à ses disciples
«Marcher avec les pèlerins d'Emmaüs»

Annonce la Bonne Nouvelle
Étape 1
Jésus ressuscité se manifeste à ses disciples
«Marcher avec les pèlerins d'Emmaüs»

4

5

6

Annonce la Bonne Nouvelle
Étape 1
Jésus ressuscité se manifeste à ses disciples
« Marcher avec les pèlerins d'Emmaüs »

Annonce la Bonne Nouvelle
Étape 1
Jésus ressuscité se manifeste à ses disciples
« Marcher avec les pèlerins d'Emmaüs »

Annonce la Bonne Nouvelle
Étape 1
Jésus ressuscité se manifeste à ses disciples
« Marcher avec les pèlerins d'Emmaüs »

7

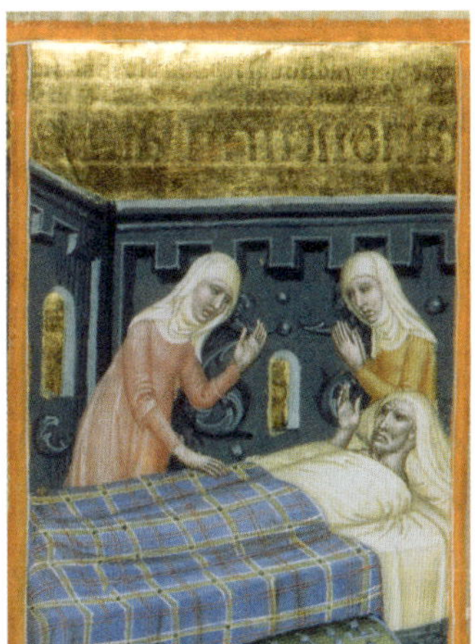

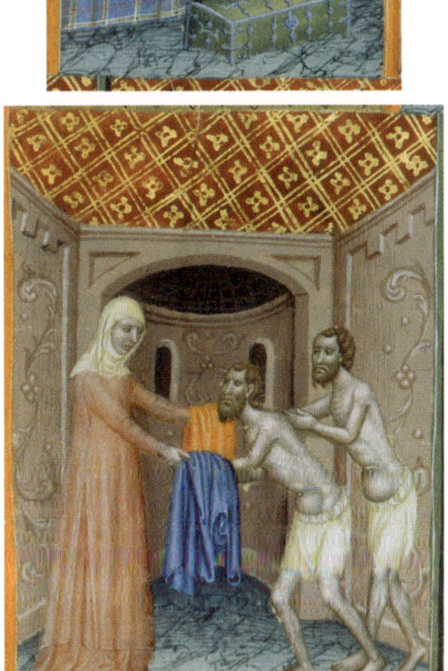

Annonce la Bonne Nouvelle
Étape 1
Jésus ressuscité se manifeste à ses disciples
« Marcher avec les pèlerins d'Emmaüs »

Les apôtres
se sont enfermés.
Ils ont peur car
il y a beaucoup
de juifs
dans la ville.

Ils se
rassemblent
et ils prient.

Chacun
se demande
ce qui va arriver.
Ils sont inquiets.

Tout a changé !
Ils sortent
de la maison.
Ils osent parler.

Ils n'ont plus peur.
ils sortent
annoncer
Jésus ressuscité.

Tous entendent
annoncer
dans leur propre
langue
les merveilles
de Dieu.

Des langues
de feu se posent
sur chacun
des Apôtres.

Le souffle
d'un violent
coup de vent
emplit toute
la maison.

Ils ont reçu
l'Esprit Saint,
Esprit de Dieu
qui donne
force, courage
et audace.

Annonce
la Bonne Nouvelle
Étape 2
La Pentecôte

Annonce
la Bonne Nouvelle
Étape 2
La Pentecôte

Annonce
la Bonne Nouvelle
Étape 2
La Pentecôte

Annonce
la Bonne Nouvelle
Étape 2
La Pentecôte

Annonce
la Bonne Nouvelle
Étape 2
La Pentecôte

Annonce
la Bonne Nouvelle
Étape 2
La Pentecôte

Annonce
la Bonne Nouvelle
Étape 2
La Pentecôte

Annonce
la Bonne Nouvelle
Étape 2
La Pentecôte

Annonce
la Bonne Nouvelle
Étape 2
La Pentecôte

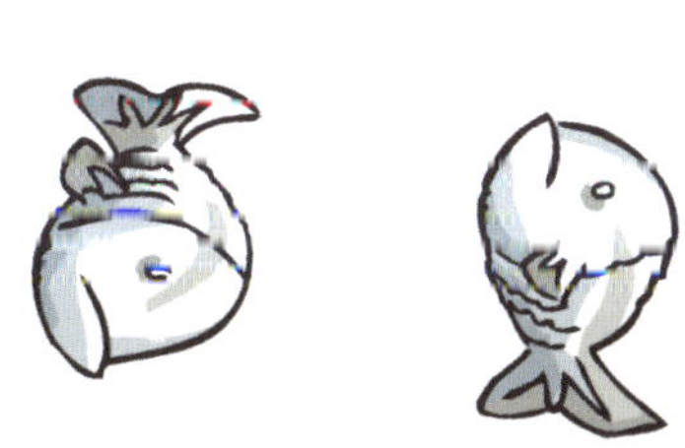

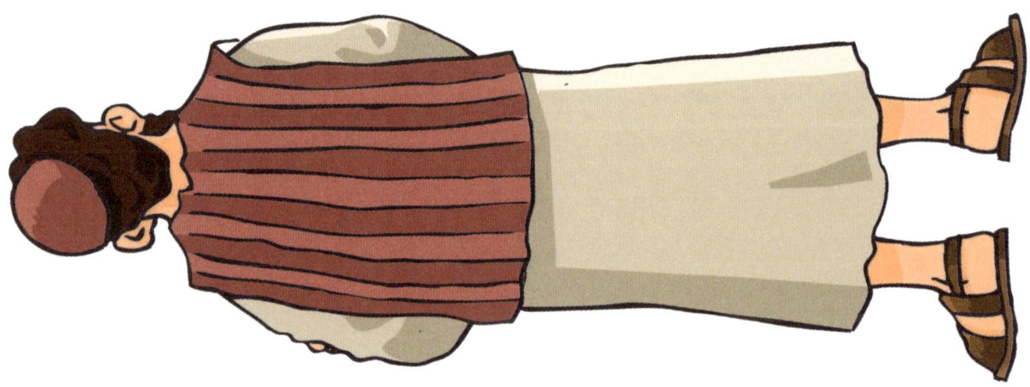
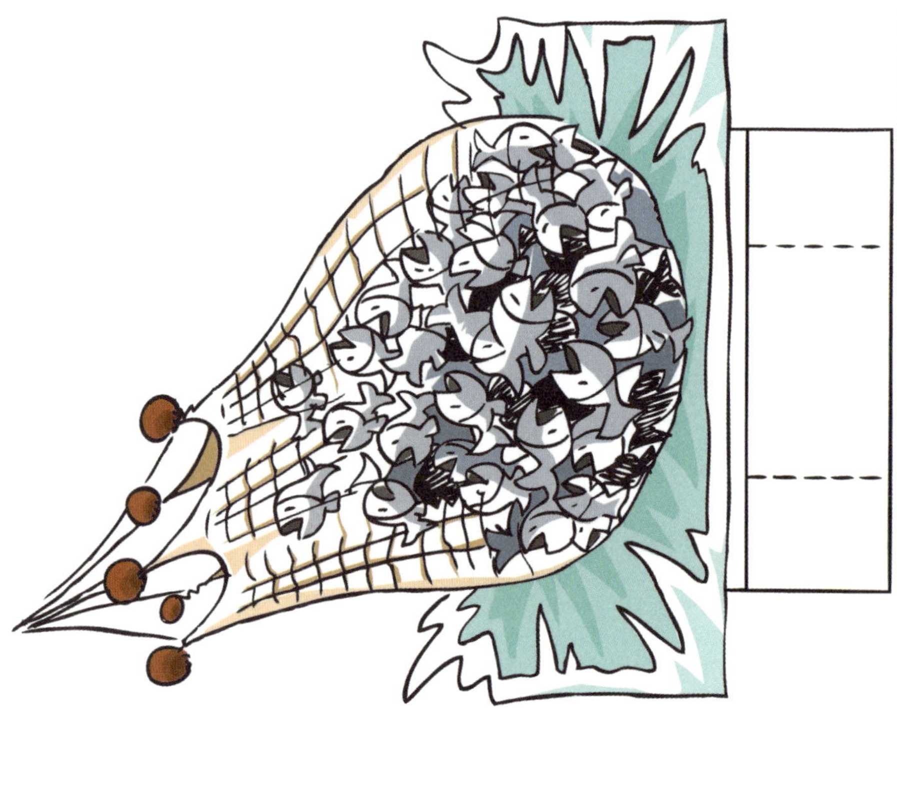

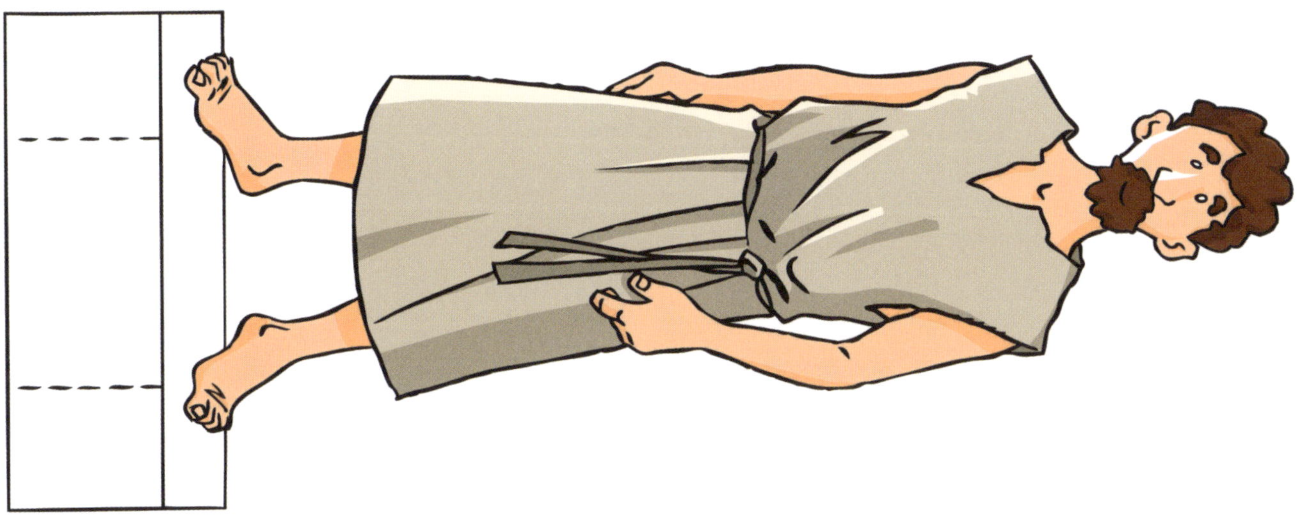

Retrouvez d'autres silhouettes et des décors
dans les ouvrages *Paroles de Vie - Avec Jésus*
et *Paroles de Vie - Avec Dieu le Père, vivre en frères*.
Vous pourrez enrichir votre collection de silhouettes
et animer d'autres épisodes bibliques.

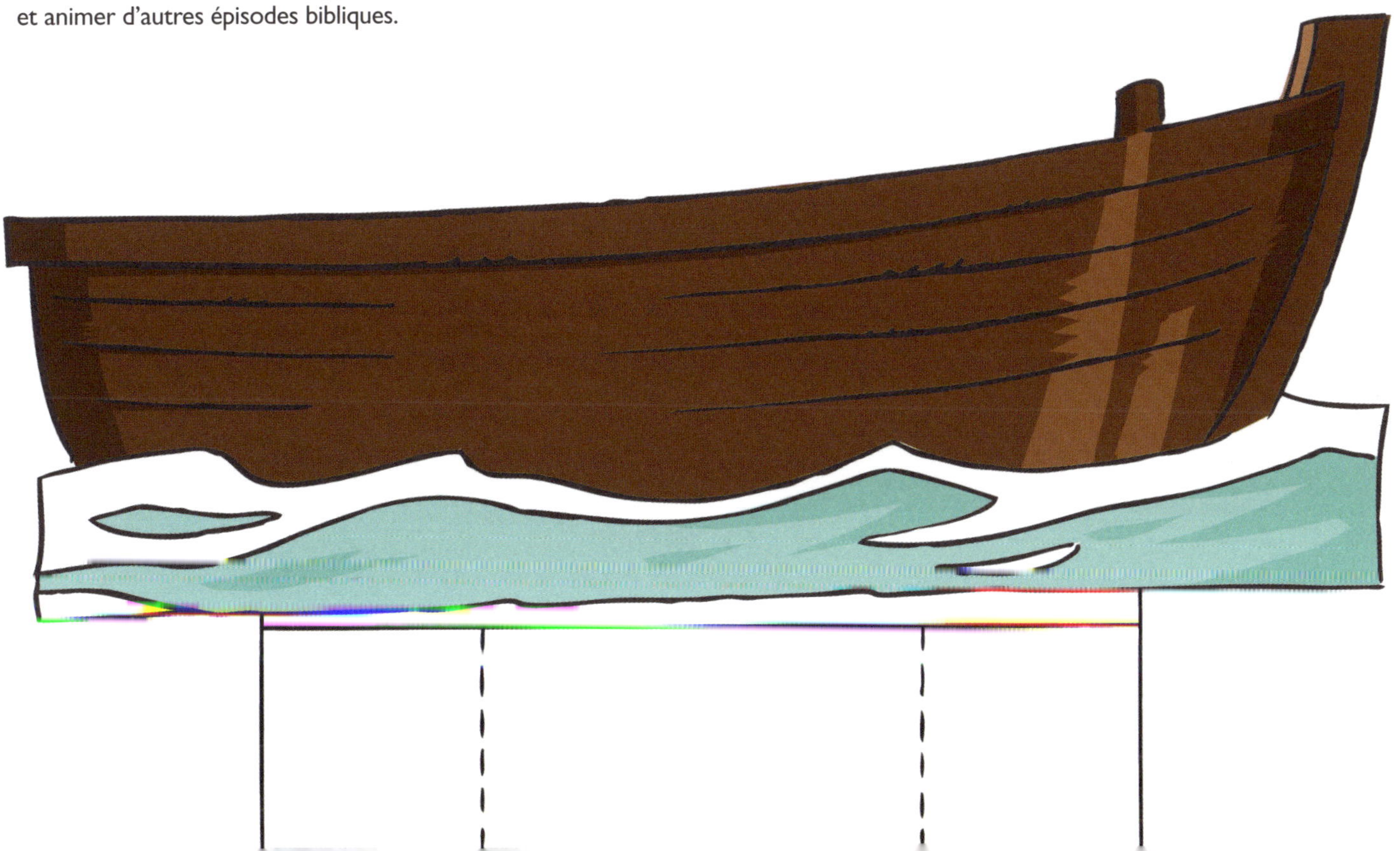

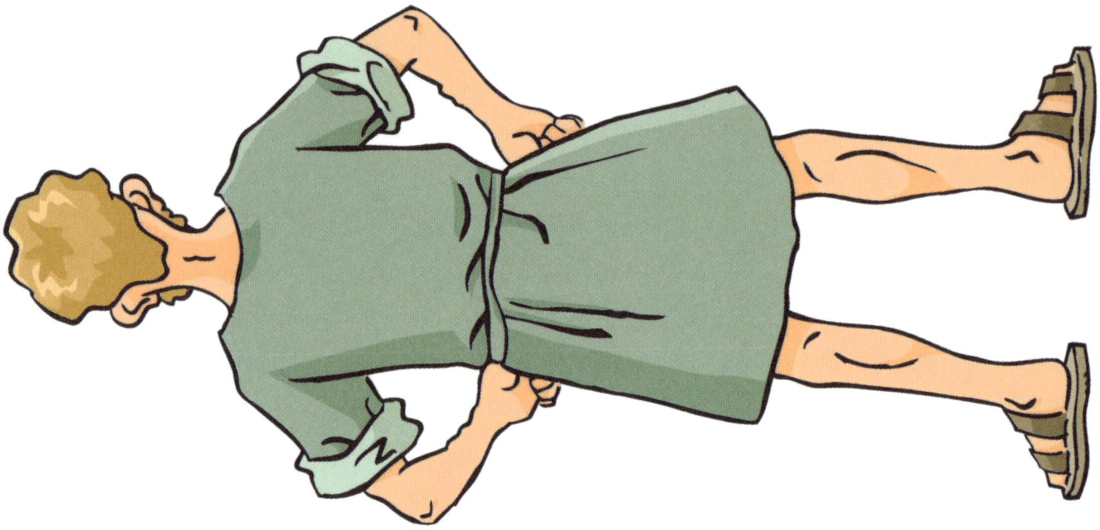
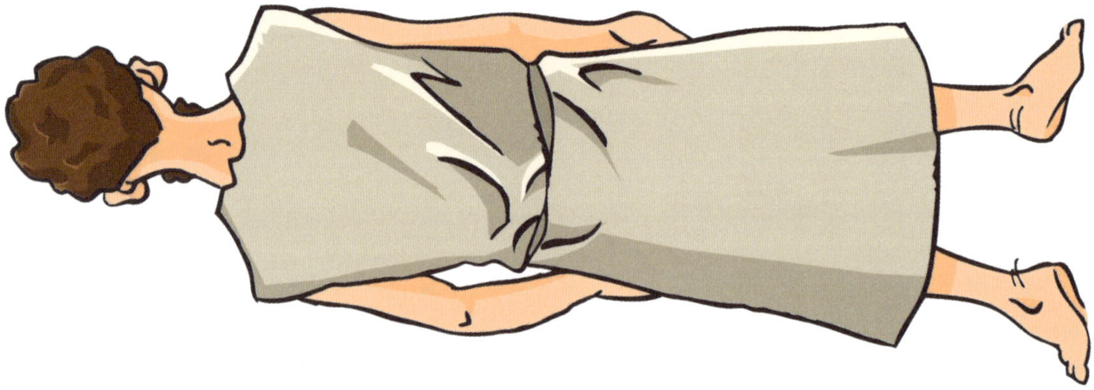

Tu as du prix à mes yeux
et je t'aime.

Isaïe 43,4

Celui-ci est mon Fils bien-aimé ;
en lui j'ai mis tout mon amour.

Mt 3,13-17

Venez avec moi,
je ferai de vous
des pêcheurs d'hommes.

Mc 1,17

Le Seigneur aime tous ceux
qui se tournent vers lui.

Ps 147

Temps fort
Embarquement immédiat

Deviens fils de Dieu
Étape 2
Celui-ci est mon Fils bien-aimé

Appelé à la sainteté
Étape 1
Jésus appelle ses amis à le suivre

Appelé à la sainteté
Étape 3
Jésus m'appelle sur ce chemin de bonheur

Heureux
ceux qui, à l'exemple des saints,
mettent leur confiance en Dieu.

Que tout se passe pour moi,
comme tu l'as dit.

Lc 1,37

Tu es bénie
entre toutes les femmes
et Jésus ton enfant est béni.

Lc 1,42

Un Sauveur est né
pour vous et tout le peuple.
C'est le Christ Seigneur.

D'après Lc 2,11

Appelé à la sainteté
Étape 4
Prier à la suite des saints

Accueille et transmets la Parole
Étape 1
L'Annonciation

Accueille et transmets la Parole
Étape 2
La Visitation

Accueille et transmets la Parole
Étape 4
Allons à la crèche

Aimez-vous
les uns les autres,
comme je vous ai aimés.

Jn 13,34

Va et toi aussi,
fais de même.

Lc 10,37

Va, ta foi t'a sauvé.

Mc 10,52

Il est ressuscité.
Allez dire à ses amis
qu'il est vivant !

D'après Mt 28,7

Vivons en frères
Étape 1
Le Bon Samaritain

Vivons en frères
Étape 1
Le Bon Samaritain

Reçois une vie nouvelle
Étape 2
Jésus sauve Bartimée

Reçois une vie nouvelle
Étape 5
Jésus est vivant, Alléluia !

Vous en êtes
les témoins.

Lc 24,48

Allez donc!
De toutes les nations
faites des disciples.

Mt 28,19

Seigneur,
ne reste pas près de moi.

Lc 5,8

N'aie pas peur,
désormais, tu seras
pêcheur d'hommes.

Lc 5,10

Annonce la Bonne Nouvelle
Étape 1
Jésus ressuscité se manifeste à ses disciples.
Jésus ressuscité est présent aujourd'hui (2e séance)

Annonce la Bonne Nouvelle
Étape 3
La Bonne Nouvelle est venue jusqu'à nous

Marche avec Jésus
Étape 1
Jésus appelle Pierre à la confiance

Marche avec Jésus
Étape 1
Jésus appelle Pierre à la confiance

Celui-ci est
mon Fils bien-aimé,
écoutez-le !

Mt 17,5

Tu seras le berger
de mes brebis.

Jn 21,17

Explications pour les clés

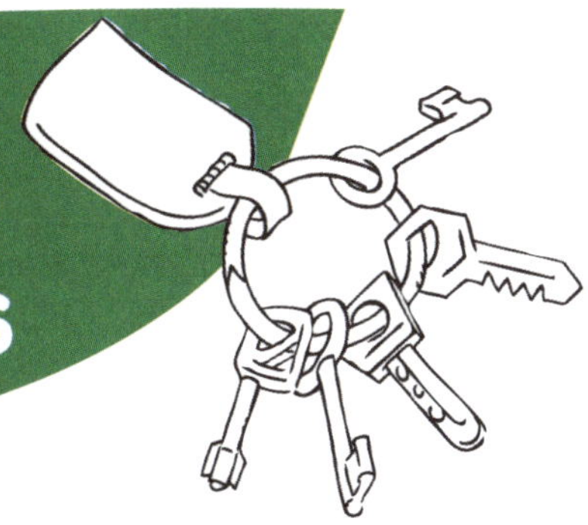

Pourquoi des clés ?

À travers ce module, nous suivons Pierre dans ses diverses expériences avec Jésus.
Nous découvrons que, de l'homme pêcheur de poissons à l'homme qui reçoit la mission importante de veiller sur les brebis du Seigneur, Pierre est passé par bien des étapes.
À chaque nouvelle expérience, des changements se sont opérés, des incompréhensions se sont dissipées, des portes se sont ouvertes pour lui permettre d'aller un peu plus loin.
Pierre a cheminé peu à peu et chaque clé symbolise ce qu'il a vécu, ce qui lui a permis d'avancer.

Un mot sur chaque clé

Dans chaque étape, un mot ou une expression est proposé : Confiance / Écoutez-le / Oui Seigneur, je t'aime.
Les enfants peuvent enrichir d'expressions le parcours de Pierre :
Oser, Audace, Courage, Obéissance, Suivre, Tout quitter, Douter, Reconnaître le Seigneur, Recevoir une mission, Dire Oui, Aimer Jésus…
Au fil des étapes, nous fabriquons le trousseau de l'équipe qui correspond au chemin de Pierre.

Pour aller plus loin

Chaque enfant peut fabriquer son propre trousseau avec son porte-clés. Chaque clé symbolise le chemin qu'il a expérimenté à la rencontre du Seigneur.
Pour réaliser ses clés, l'enfant peut s'appuyer sur son carnet secret « Mes trésors de l'année ».

Marche avec Jésus
Étape 2
Jésus se révèle à Pierre : la Transfiguration

Marche avec Jésus
Étape 3
Jésus fait de Pierre son ami

À photocopier

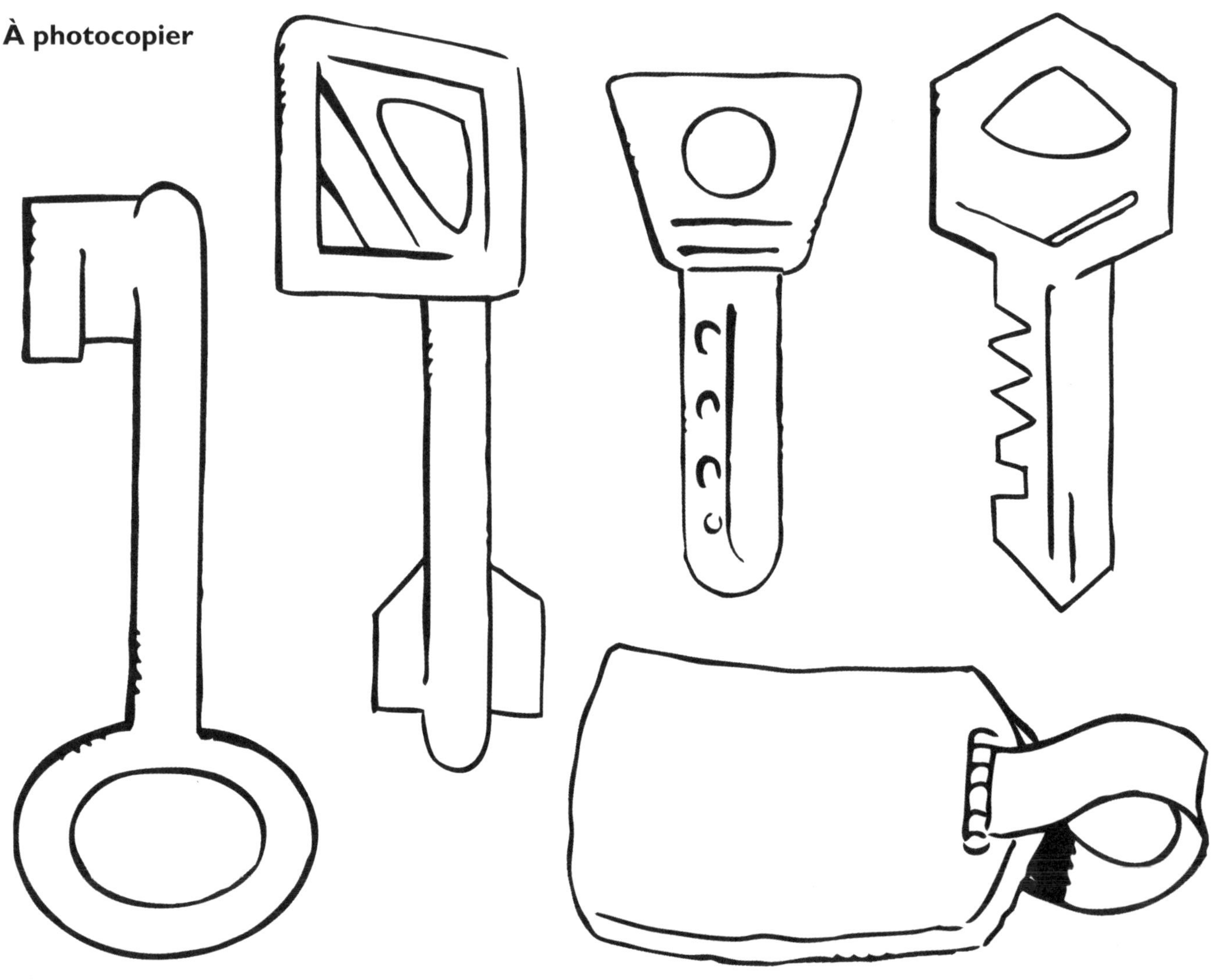

Donner le nom d'un des quatre premiers disciples appelés par Jésus.

Réponse :
Jean, Simon Pierre, André ou Jacques.

×1

Quel est le nom du fleuve qui traverse le pays de Jésus ?

Réponse :
Le Jourdain.

×1

Dans quelle prière trouvons-nous : « délivre-nous du Mal… » ?

Réponse :
Dans le Notre Père.

×2

Le mercredi des Cendres, c'est :

1- Le 1er jour du Carême.
2- Le dernier jour du Carême.
3- La veille du jeudi Saint.

Réponse :
n°1

×1

Qui a baptisé Jésus ?

Réponse :
Jean Baptiste

×1

La Cène, c'est :

1- Le procès de Jésus.
2- Le dernier repas de Jésus.
3- La mise à mort de Jésus.

Réponse :
n°2

×1

Marie est :

1- L'auteur d'un Évangile.
2- La mère de Jésus.
3- La fille d'un roi.

Réponse :
n°2

×1

Le Jourdain c'est :

1- Le vin du pays de Jésus.
2- L'homme riche, converti par Jésus.
3- Le fleuve où Jésus est baptisé.

Réponse :
n°3

×1

Qu'est-ce qui a permis aux disciples d'Emmaüs de reconnaître Jésus ?

1- Les explications de Jésus.
2- La fraction du pain.
3- La gentillesse de Jésus.

Réponse :
n°2

×1

Dans quelle ville Jésus est-il mort ?

1- Nazareth.
2- Bethléem.
3- Jérusalem.

Réponse :
n°3

×1

Qui est Zacharie ?

1- Le père de Jean Baptiste.
2- Un prêtre.
3- Le mari d'Élisabeth.

Réponse :
n°1, 2 et 3

×2

Les disciples Simon, André et Jean étaient :

1- Charpentiers.
2- Pêcheurs.
3- Laboureurs.

Réponse :
n°2

×1

« Emmanuel », en hébreu, signifie :

1- Il fait beau.
2- Grand est le Seigneur.
3- Dieu avec nous.

Réponse :
n°3

×1

Quelle prière Jésus nous a-t-il laissée ?

Réponse :
Le Notre Père

×2

Que veut dire le mot « Évangile » ?

1- Histoire de Jésus.
2- Livre de Dieu.
3- Bonne Nouvelle.

Réponse :
n°3

×1

FAIS FLEURIR TON JARDIN AUX COULEURS DE L'ÉVANGILE

FAIS FLEURIR TON JARDIN AUX COULEURS DE L'ÉVANGILE

FAIS FLEURIR TON JARDIN AUX COULEURS DE L'ÉVANGILE

FAIS FLEURIR TON JARDIN AUX COULEURS DE L'ÉVANGILE

FAIS FLEURIR TON JARDIN AUX COULEURS DE L'ÉVANGILE

FAIS FLEURIR TON JARDIN AUX COULEURS DE L'ÉVANGILE

FAIS FLEURIR TON JARDIN AUX COULEURS DE L'ÉVANGILE

FAIS FLEURIR TON JARDIN AUX COULEURS DE L'ÉVANGILE

FAIS FLEURIR TON JARDIN AUX COULEURS DE L'ÉVANGILE

FAIS FLEURIR TON JARDIN AUX COULEURS DE L'ÉVANGILE

FAIS FLEURIR TON JARDIN AUX COULEURS DE L'ÉVANGILE

FAIS FLEURIR TON JARDIN AUX COULEURS DE L'ÉVANGILE

FAIS FLEURIR TON JARDIN AUX COULEURS DE L'ÉVANGILE

FAIS FLEURIR TON JARDIN AUX COULEURS DE L'ÉVANGILE

FAIS FLEURIR TON JARDIN AUX COULEURS DE L'ÉVANGILE

Après sa rencontre avec Élisabeth, Marie chante sa joie au Seigneur. Quel est le nom de sa prière ?

Réponse :

Le Magnificat.

×1

Pour les chrétiens, quelle est la Bonne Nouvelle de Noël ?

Réponse :

Par la naissance de Jésus, Dieu vient partager la vie des hommes.

×1

Qu'annonce l'ange Gabriel à Marie ?

1- Tu vas avoir un fils.
2- Ta cousine va avoir un fils.
3- Ton enfant s'appellera « Fils de Dieu ».

Réponse :

n°1, 2 et 3

Une fleur par bonne réponse

Comment appelle-t-on les quatre semaines pour se préparer à Noël ?

1- La Toussaint.
2- L'Avent.
3- Le Carême.

Réponse :

×1 n°2

Dans le récit de la Visitation, que dit Élisabeth à Marie ?

1- Tu es la plus belle des femmes.
2- Tu es la plus heureuse des femmes.
3- Tu es bénie entre toutes les femmes.

Réponse :

×1 n°3

Dans le récit selon saint Luc, à qui est annoncée en premier la naissance de Jésus ?

1- Aux marchands.
2- Aux pêcheurs.
3- Aux bergers.

Réponse :

×1 n°3

À sa naissance, où Marie dépose-t-elle l'enfant Jésus ?

1- Dans une mangeoire.
2- Dans un berceau.
3- Dans un lit confortable.

Réponse :

n°1

×1

Dans quelle ville est né Jésus ?

1- Jérusalem.
2- Bethléem.
3- Nazareth.

Réponse :

n°2

×1

Au moment de la naissance de Jésus, pourquoi Marie et Joseph vont-ils à Bethléem?

1- À cause d'un recensement.
2- Pour voir leur famille.
3- Parce qu'ils déménagent.

Réponse :

×1 n°1

Comment s'appelle la cousine de Marie ?

1- Gabrielle.
2- Élisabeth.
3- Jeanne.

Réponse :

n°2

×1

Quel mot manque-t-il dans l'annonce aux anges la nuit de Noël ? Gloire à Dieu, au plus haut des cieux et ___ sur la terre aux hommes qu'il aime.

1- Bénédiction.
2- Paix.
3- Richesse.

Réponse :

×1 n°2

À qui l'ange Gabriel dit-il : « Je te salue, comblée de grâce, le Seigneur est avec toi » ?

1- Élisabeth.
2- Marthe.
3- Marie.

Réponse :

×1 n°3

Qu'est-ce qu'un ange ?

1- Un messager de Dieu.
2- Une sage personne.
3- Un personnage imaginaire.

Réponse :

n°1

×1

À quelle date fête-t-on l'Annonciation ?

1- Le 25 mars.
2- Le 15 août.
3- Le 8 décembre.

Réponse :

n°1

×1

Que signifie le prénom « Jésus » ?

1- Dieu est grand.
2- Dieu avec nous.
3- Dieu sauve.

Réponse :

n°3

×1

FAIS FLEURIR
TON JARDIN
AUX COULEURS
DE L'ÉVANGILE

FAIS FLEURIR
TON JARDIN
AUX COULEURS
DE L'ÉVANGILE

FAIS FLEURIR
TON JARDIN
AUX COULEURS
DE L'ÉVANGILE

FAIS FLEURIR
TON JARDIN
AUX COULEURS
DE L'ÉVANGILE

FAIS FLEURIR
TON JARDIN
AUX COULEURS
DE L'ÉVANGILE

FAIS FLEURIR
TON JARDIN
AUX COULEURS
DE L'ÉVANGILE

FAIS FLEURIR
TON JARDIN
AUX COULEURS
DE L'ÉVANGILE

FAIS FLEURIR
TON JARDIN
AUX COULEURS
DE L'ÉVANGILE

FAIS FLEURIR
TON JARDIN
AUX COULEURS
DE L'ÉVANGILE

FAIS FLEURIR
TON JARDIN
AUX COULEURS
DE L'ÉVANGILE

FAIS FLEURIR
TON JARDIN
AUX COULEURS
DE L'ÉVANGILE

FAIS FLEURIR
TON JARDIN
AUX COULEURS
DE L'ÉVANGILE

FAIS FLEURIR
TON JARDIN
AUX COULEURS
DE L'ÉVANGILE

FAIS FLEURIR
TON JARDIN
AUX COULEURS
DE L'ÉVANGILE

FAIS FLEURIR
TON JARDIN
AUX COULEURS
DE L'ÉVANGILE

Quel est le nom de l'évêque de ton diocèse ?

×1

Comment s'appelle la table où est célébrée l'eucharistie ?

Réponse :

L'autel.

×1

Nommer les évangélistes.

Réponse :

Marc, Matthieu, Luc et Jean.

Deux fleurs si la réponse est complète.

Quelle phrase prononce le prêtre au moment du baptême ?

Réponse :

Je te baptise au nom du Père,
du Fils
et du Saint-Esprit.

×2

Au cours du baptême, le prêtre utilise :

1- Du vin.
2- De l'huile.
3- De l'eau.

Réponse :

n°2 et 3

×2

Par quel signe, le prêtre accueille-t-il le futur baptisé, le jour de son baptême ?

1- Le signe de la croix.
2- Il l'embrasse.
3- Il le prend dans ses bras.

Réponse :

×1 n°1

Quel est le jour habituel du rassemblement des chrétiens ?

Réponse :

Le dimanche

×1

Comment s'appelle le livre où sont inscrits les noms de tous les baptisés ?

1- Le bottin téléphonique.
2- Le registre des baptêmes.
3- Le livre des amis de Dieu.

Réponse :

×1 n°2

Que symbolise la lumière du cierge pascal ?

1- La naissance de Jésus.
2- La résurrection de Jésus.
3- La mort de Jésus.

Réponse :

n°2

×1

Quel jour fêtons-nous la montée au ciel de Jésus ?

Réponse :

Le jour de l'Ascension.

×1

Qui est Pierre ?

1- Un des douze apôtres.
2- Un martyr.
3- Un évangéliste.

Réponse :

n°1

×1

Dans les textes bibliques, que manifeste la présence d'une nuée ?

1- L'importance de l'événement.
2- La présence de Dieu.
3- Le mauvais temps.

Réponse :

×1 n°2

Qu'est-ce qu'un miracle ?

1- Un tour de magie.
2- Une action d'amour de la part de Dieu.
3- Une chose inattendue.

Réponse :

n°2

×1

Que veut dire le mot conversion ?

1- Changement.
2- Conversation.
3- Retournement.

Réponse :

n°1 et 3

×1

Quelles sont les personnes présentes lors de la Transfiguration ?

Réponse :

Pierre, Moïse, Jésus, Jean,
Jacques et Élie.

Trois fleurs si la réponse est complète.

FAIS FLEURIR TON JARDIN AUX COULEURS DE L'ÉVANGILE

FAIS FLEURIR TON JARDIN AUX COULEURS DE L'ÉVANGILE

FAIS FLEURIR TON JARDIN AUX COULEURS DE L'ÉVANGILE

FAIS FLEURIR TON JARDIN AUX COULEURS DE L'ÉVANGILE

FAIS FLEURIR TON JARDIN AUX COULEURS DE L'ÉVANGILE

FAIS FLEURIR TON JARDIN AUX COULEURS DE L'ÉVANGILE

FAIS FLEURIR TON JARDIN AUX COULEURS DE L'ÉVANGILE

FAIS FLEURIR TON JARDIN AUX COULEURS DE L'ÉVANGILE

FAIS FLEURIR TON JARDIN AUX COULEURS DE L'ÉVANGILE

FAIS FLEURIR TON JARDIN AUX COULEURS DE L'ÉVANGILE

FAIS FLEURIR TON JARDIN AUX COULEURS DE L'ÉVANGILE

FAIS FLEURIR TON JARDIN AUX COULEURS DE L'ÉVANGILE

FAIS FLEURIR TON JARDIN AUX COULEURS DE L'ÉVANGILE

FAIS FLEURIR TON JARDIN AUX COULEURS DE L'ÉVANGILE

FAIS FLEURIR TON JARDIN AUX COULEURS DE L'ÉVANGILE

Comment appelle t-on la personne qui a la charge du peuple d'un diocèse ?

Réponse :
Un évêque.

×2

Comment appelle t-on le dernier repas que Jésus a pris avec ses amis la veille de sa mort ?

Réponse :
La Cène.

×2

Que fête t-on le jour de Pâques ?

Réponse :
La résurrection de Jésus.

×2

Comment appelle t-on l'amitié entre Dieu et son peuple ?

Réponse :
L'Alliance.

×2

Que fête t-on à la Toussaint ?

Réponse :
Nous fêtons tous les saints.

×1

La Toussaint se fête le...

1- 1er novembre.
2- 11 novembre.
3- 14 juillet.

Réponse :
n°1

×1

Quelle est le nom de ta paroisse ?

×1

Au matin de Pâques, que s'est-il passé pour les femmes qui allaient au tombeau ?

Réponse :
La pierre est roulée et le tombeau est vide. Un ange leur dit : « Jésus n'est pas ici, il est vivant, il est ressuscité. »

×2

Peux-tu citer le nom de quelques saints ?

Réponse :
Au choix.

×2

Comment appelle t-on le prêtre responsable d'une paroisse ?

Réponse :
Le curé.

×1

Quelles paroles prononcent Jésus au cours de son dernier repas ?

Réponse :
Lire Luc 22,19-20

×1

Quel est le jour du Seigneur pour les chrétiens ?

1- Le vendredi.
2- Le samedi.
3- Le dimanche.

Réponse :
n°3

×1

Pourquoi Jésus est-il sur un âne, le jour des Rameaux ?

1- C'est son moyen de transport.
2- Il n'a pas trouvé de cheval.
3- L'âne est symbole de paix et de simplicité.

Réponse :
n° 3,
(À l'époque de Jésus, le cheval est une bête de guerre).

×1

Le dimanche des Rameaux, nous fêtons :

1- Le début du printemps.
2- La fête de la paix.
3- L'entrée de Jésus à Jérusalem.

Réponse :
n°3

×1

Le chœur d'une église c'est :

1- Le centre autour de l'autel.
2- La porte d'entrée.
3- Le clocher.

Réponse :
n°3

×1

FAIS FLEURIR
TON JARDIN
AUX COULEURS
DE L'ÉVANGILE

FAIS FLEURIR
TON JARDIN
AUX COULEURS
DE L'ÉVANGILE

FAIS FLEURIR
TON JARDIN
AUX COULEURS
DE L'ÉVANGILE

FAIS FLEURIR
TON JARDIN
AUX COULEURS
DE L'ÉVANGILE

FAIS FLEURIR
TON JARDIN
AUX COULEURS
DE L'ÉVANGILE

FAIS FLEURIR
TON JARDIN
AUX COULEURS
DE L'ÉVANGILE

FAIS FLEURIR
TON JARDIN
AUX COULEURS
DE L'ÉVANGILE

FAIS FLEURIR
TON JARDIN
AUX COULEURS
DE L'ÉVANGILE

FAIS FLEURIR
TON JARDIN
AUX COULEURS
DE L'ÉVANGILE

FAIS FLEURIR
TON JARDIN
AUX COULEURS
DE L'ÉVANGILE

FAIS FLEURIR
TON JARDIN
AUX COULEURS
DE L'ÉVANGILE

FAIS FLEURIR
TON JARDIN
AUX COULEURS
DE L'ÉVANGILE

FAIS FLEURIR
TON JARDIN
AUX COULEURS
DE L'ÉVANGILE

FAIS FLEURIR
TON JARDIN
AUX COULEURS
DE L'ÉVANGILE

FAIS FLEURIR
TON JARDIN
AUX COULEURS
DE L'ÉVANGILE

Quel est le nom du Pape et où habite-t-il ?

×2

Pourquoi le jour de son dernier repas, Jésus lave-t-il les pieds de ses disciples ?

1- Ils avaient les pieds sales.
2- Pour donner l'exemple du service. Jésus se fait serviteur.
3- C'est une coutume juive.

Réponse :
n°2

×1

Qui a assisté à la résurrection de Jésus ?

Réponse :
Personne.

×1

Pourquoi dit-on que Dieu réside dans le ciel ?

1- Des peintres l'ont représenté sur des nuages.
2- C'est une image qui dit la grandeur de Dieu.
3- Des chercheurs l'ont prouvé.

Réponse :
n°2

×1

Où Jésus se retirait-il pour prier ?

1- Dans sa maison.
2- Sur la montagne.
3- À l'écart du groupe pour être seul avec son Père.

Réponse :
n°2 et 3

×1

Quel disciple a trahi Jésus en le livrant aux chefs des prêtres ?

1- Pierre.
2- André.
3- Judas.

Réponse :
n°3

×1

Quel est le nom de l'ange qui annonce à Marie qu'elle sera la mère de Jésus ?

1- Raphaël.
2- Gabriel.
3- Mickaël.

Réponse :
n°2

×1

Quels sont les 2 mots qui reviennent souvent dans les Béatitudes ?

1- Heureux et Dieu.
2- Heureux et Malheureux.
3- Heureux et Doux.

Réponse :
n°1

×1

Citer 3 fêtes chrétiennes.

Une fleur par bonne réponse.

Que veut dire : « Lc 19,1-9 » ?

Réponse :
C'est un passage biblique, dans l'Évangile selon saint Luc, chapitre 19, verset 1 à 9.

×2

Dans quel lieu, Jean Baptiste s'adressait-il aux gens de son pays ?

1- Sur une montagne.
2- Au bord d'un lac
3- Dans le désert.

Réponse :
n°3

×1

Quelle phrase prononce t-on quand nous faisons le signe de croix ?

Réponse :
Au nom du Père et du Fils et du Saint-Esprit. Amen

×1

Que signifie le mot Amen ?

Réponse :
- Oui, je crois
- C'est vrai.
- Oui, je suis d'accord.

×2

À quel âge peut-on être baptisé ?

1- Quand on est bébé.
2- Quand on est adulte.
3- À tous âges.

Réponse :
n°3

×1

Comment s'appelle le jardin où Jésus a été arrêté ?

Réponse :
Le jardin de Gethsémani.

×2

FAIS FLEURIR
TON JARDIN
AUX COULEURS
DE L'ÉVANGILE

FAIS FLEURIR
TON JARDIN
AUX COULEURS
DE L'ÉVANGILE

FAIS FLEURIR
TON JARDIN
AUX COULEURS
DE L'ÉVANGILE

FAIS FLEURIR
TON JARDIN
AUX COULEURS
DE L'ÉVANGILE

FAIS FLEURIR
TON JARDIN
AUX COULEURS
DE L'ÉVANGILE

FAIS FLEURIR
TON JARDIN
AUX COULEURS
DE L'ÉVANGILE

FAIS FLEURIR
TON JARDIN
AUX COULEURS
DE L'ÉVANGILE

FAIS FLEURIR
TON JARDIN
AUX COULEURS
DE L'ÉVANGILE

FAIS FLEURIR
TON JARDIN
AUX COULEURS
DE L'ÉVANGILE

FAIS FLEURIR
TON JARDIN
AUX COULEURS
DE L'ÉVANGILE

FAIS FLEURIR
TON JARDIN
AUX COULEURS
DE L'ÉVANGILE

FAIS FLEURIR
TON JARDIN
AUX COULEURS
DE L'ÉVANGILE

FAIS FLEURIR
TON JARDIN
AUX COULEURS
DE L'ÉVANGILE

FAIS FLEURIR
TON JARDIN
AUX COULEURS
DE L'ÉVANGILE

FAIS FLEURIR
TON JARDIN
AUX COULEURS
DE L'ÉVANGILE

Dans la parabole du Bon Samaritain, quelles sont les trois personnes qui voient l'homme blessé ?

Réponse :

Un prêtre, un lévite, un Samaritain.

Une fleur par bonne réponse, maximum 3

Dans la parabole du Bon Samaritain, pourquoi le prêtre et le lévite ne s'arrêtent pas près du blessé ?

Réponse :

Ils rentrent de leur service au temple de Jérusalem, ils sont « purs ». D'après la Loi, le sang est impur : ils évitent ainsi l'impureté !

×2

Dans la parabole du Bon Samaritain, que fait le Samaritain ?

Réponse :

Il s'arrête près d'un homme blessé. Il fait preuve de bonté.

×2

Qu'appelle-t-on une parabole ?

1- Une antenne.
2- Un ustensile de cuisine
3- Une histoire qui aide à comprendre.

Réponse :

n°3

×1

Dans les textes bibliques, que signifie la présence de l'ange ?

Réponse :

Elle est présence de Dieu et l'ange délivre un message de la part de Dieu.

Une fleur par bonne réponse, maximum 3

Du temps de Jésus, les Samaritains étaient rejetés par les juifs.

1- Vrai.
2- Faux.

Réponse :

n°1

×1

Combien y a-t-il d'évangiles ?

1- Deux.
2- Quatre.
3- Sept.

Réponse :

n°2

×1

Dans quelle ville Jésus et Zachée se rencontrent-ils ?

1- À Jérusalem.
2- À Jéricho.
3- À Rome.

Réponse :

n°2

×1

À la manière du Samaritain, comment peut-on se faire proche des autres ?

Réponse :

En s'aidant, en partageant, en donnant de son temps, en aimant, en pardonnant…

Une fleur par bonne réponse, maximum 3

Qui est Zachée ?

1- Un marchand.
2- Un pécheur.
3- Un collecteur d'impôts.

Réponse :

n°2 et 3

×2

Que fait Zachée quand Jésus arrive dans sa ville ?

1- Il va se cacher.
2- Il grimpe sur un arbre.
3- Il va cuisiner.

Réponse :

n°2

×1

Comment s'appelle l'huile utilisée au baptême ?

Réponse :

Le Saint Chrême.

×2

Pourquoi les gens disent que Jésus est allé loger chez un pécheur en parlant de Zachée ?

1- Il volait les habitants de Jéricho.
2- Il pêchait au lac.
3- Il était pauvre.

Réponse :

n°1

×1

Dans quels livres de la Bible découvrons-nous la vie de Jésus ?

Réponse :

Les Évangiles.

×1

Pour Zachée, quel est son trésor au début de son histoire et à la fin ?

Réponse :

Au début : Ses pièces d'argent.
À la fin : Son amitié avec Jésus et une nouvelle vie avec les autres.

×1

FAIS FLEURIR TON JARDIN AUX COULEURS DE L'ÉVANGILE

FAIS FLEURIR TON JARDIN AUX COULEURS DE L'ÉVANGILE

FAIS FLEURIR TON JARDIN AUX COULEURS DE L'ÉVANGILE

FAIS FLEURIR TON JARDIN AUX COULEURS DE L'ÉVANGILE

FAIS FLEURIR TON JARDIN AUX COULEURS DE L'ÉVANGILE

FAIS FLEURIR TON JARDIN AUX COULEURS DE L'ÉVANGILE

FAIS FLEURIR TON JARDIN AUX COULEURS DE L'ÉVANGILE

FAIS FLEURIR TON JARDIN AUX COULEURS DE L'ÉVANGILE

FAIS FLEURIR TON JARDIN AUX COULEURS DE L'ÉVANGILE

FAIS FLEURIR TON JARDIN AUX COULEURS DE L'ÉVANGILE

FAIS FLEURIR TON JARDIN AUX COULEURS DE L'ÉVANGILE

FAIS FLEURIR TON JARDIN AUX COULEURS DE L'ÉVANGILE

FAIS FLEURIR TON JARDIN AUX COULEURS DE L'ÉVANGILE

FAIS FLEURIR TON JARDIN AUX COULEURS DE L'ÉVANGILE

FAIS FLEURIR TON JARDIN AUX COULEURS DE L'ÉVANGILE

Charade

- Mon 1er est le contraire de mauvais.
- Mon 2nd est donné par l'horloge.
- Mon tout est le projet de Dieu pour chacun.

Réponse : Le bonheur.

✔ : Avancer de 2 cases.

✘ : Reculer de 1 case.

Devinette

En été, je me lève tôt
et me couche tard.
En hiver, je me lève tard
et me couche tôt.
Qui suis-je ?

Réponse : Le soleil.

✔ : Avancer de 2 cases.

✘ : Reculer de 1 case.

Devinette

Je suis blanc et je vole.
Qui suis-je ?

Réponse : Le flocon de neige, la colombe…

✔ : Avancer de 2 cases.

✘ : Reculer de 1 case.

Devinette

Je traverse une vitre
sans la casser.
Qui suis-je ?

Réponse : Le rayon de soleil.

✔ : Avancer de 2 cases.

✘ : Reculer de 1 case.

Devinette

- Mon 1er dure 24 h.
- Mon 2nd est un cousin de la biche qui vit dans les bois.
- Mon tout est le fleuve qui coule en Palestine.

Réponse : Jourdain.

✔ : Avancer de 2 cases.

✘ : Reculer de 1 case.

Charade

- Mon 1er est le contraire de haut.
- Mon 2e est le contraire de rapide.
- Mon 3e est l'opposé du matin.
- Mon tout est un jeu.

Réponse : Balançoire.

✔ : Avancer de 2 cases.

✘ : Reculer de 1 case.

Aller chercher 3 objets dans la salle commençant par « B ».

Exemple : Bougie, Bible, bateau…

Aller chercher 3 objets dans la salle commençant par « C ».

Exemple : Croix, carnet de prière, CDJésus Bonne Nouvelle…

Mémoire

Se souvenir de l'Évangile du baptême de Jésus et trouver dans ce texte trois noms propres commençant par la lettre « J ».

Réponse : Jésus, Jourdain, Jean Baptiste.

Charade

Mon 1er est la première lettre de l'alphabet. Mon 2e est une note de musique. Mon 3e est la deuxième partie de moitié. Mon tout aide à vivre ensemble.

Réponse : Amitié.

✔ : Avancer de 2 cases.

✘ : Reculer de 1 case.

Chanter ensemble
un chant appris cette année
et avancer d'une case.

Citer une phrase biblique.

Guidé par un membre
de l'équipe,
faire le tour de la salle
en marche arrière.

Offrir une fleur
de votre jardin
à l'équipe qui
en a le moins.

Offrir une fleur
de votre jardin
à l'équipe qui
est à votre gauche.

Vous avez un

GAGE !

Vous avez un

GAGE !

Vous avez un

GAGE !

Vous avez un

GAGE !

Vous avez un

GAGE !

Vous avez un

GAGE !

Vous avez un

GAGE !

Vous avez un

GAGE !

Vous avez un

GAGE !

Vous avez un

GAGE !

Vous avez un

GAGE !

Vous avez un

GAGE !

Vous avez un

GAGE !

Vous avez un

GAGE !

Vous avez un

GAGE !

Offrir une fleur
de votre jardin
à l'équipe qui
est à votre droite.

L'équipe qui
a le plus de fleurs
vous en offre une.

Choisir une lettre de l'alphabet et chercher le maximum de mots commençant par cette lettre (en lien avec les découvertes de l'année).

Exemple :
A comme amour, amitié, ange, attente, Avent…
B comme bougie, bible, baptême…

Mémoire

Citer au moins 3 symboles du baptême.

Réponse :
L'eau, la lumière, la croix, la Parole, le vêtement blanc, le Saint Chrême.

✓ : Avancer de 2 cases.
✗ : Reculer de 1 case.

Charade

- Mon 1er est une boisson.
- Mon 2e est une autre boisson.
- Mon 3e est une autre boisson.
- Mon tout est une autre boisson.

Réponse : Café au lait.

✓ : Avancer de 2 cases.
✗ : Reculer de 1 case.

Charade

- Les canards aiment mon 1er.
- Mon 2nd est le contraire de tard.
- Mon tout tape fort.

Réponse : Le marteau

✓ : Avancer de 2 cases.
✗ : Reculer de 1 case.

Raconter une histoire de Jésus que vous avez découverte cette année et que vous aimez.

Chercher le plus rapidement possible dans votre livre la page où Jésus appelle ses amis.

Raconter.

Chercher le plus rapidement possible dans votre livre la page où Jésus guérit quelqu'un.

Raconter.

Chercher le plus rapidement possible dans votre livre la page du matin de Pâques.

Raconter.

Chercher le plus rapidement possible dans votre livre la page où il y a la photo d'un désert.

Raconter.

Chercher le plus rapidement possible dans votre livre la page où il y a une représentation de la naissance de Jésus.

Raconter.

Chercher le plus rapidement possible dans votre livre la page où l'on voit la joie de Marie.

Raconter.

Chercher le plus rapidement possible dans votre livre la page où Jésus partage le pain.

Raconter.

Raconter l'Évangile de l'Annonciation.

Vous avez un

GAGE !

Vous avez un

GAGE !

Vous avez un

GAGE !

Vous avez un

GAGE !

Vous avez un

GAGE !

Vous avez un

GAGE !

Vous avez un

GAGE !

Vous avez un

GAGE !

Vous avez un

GAGE !

Vous avez un

GAGE !

Vous avez un

GAGE !

Vous avez un

GAGE !

Vous avez un

GAGE !

Vous avez un

GAGE !

Vous avez un

GAGE !

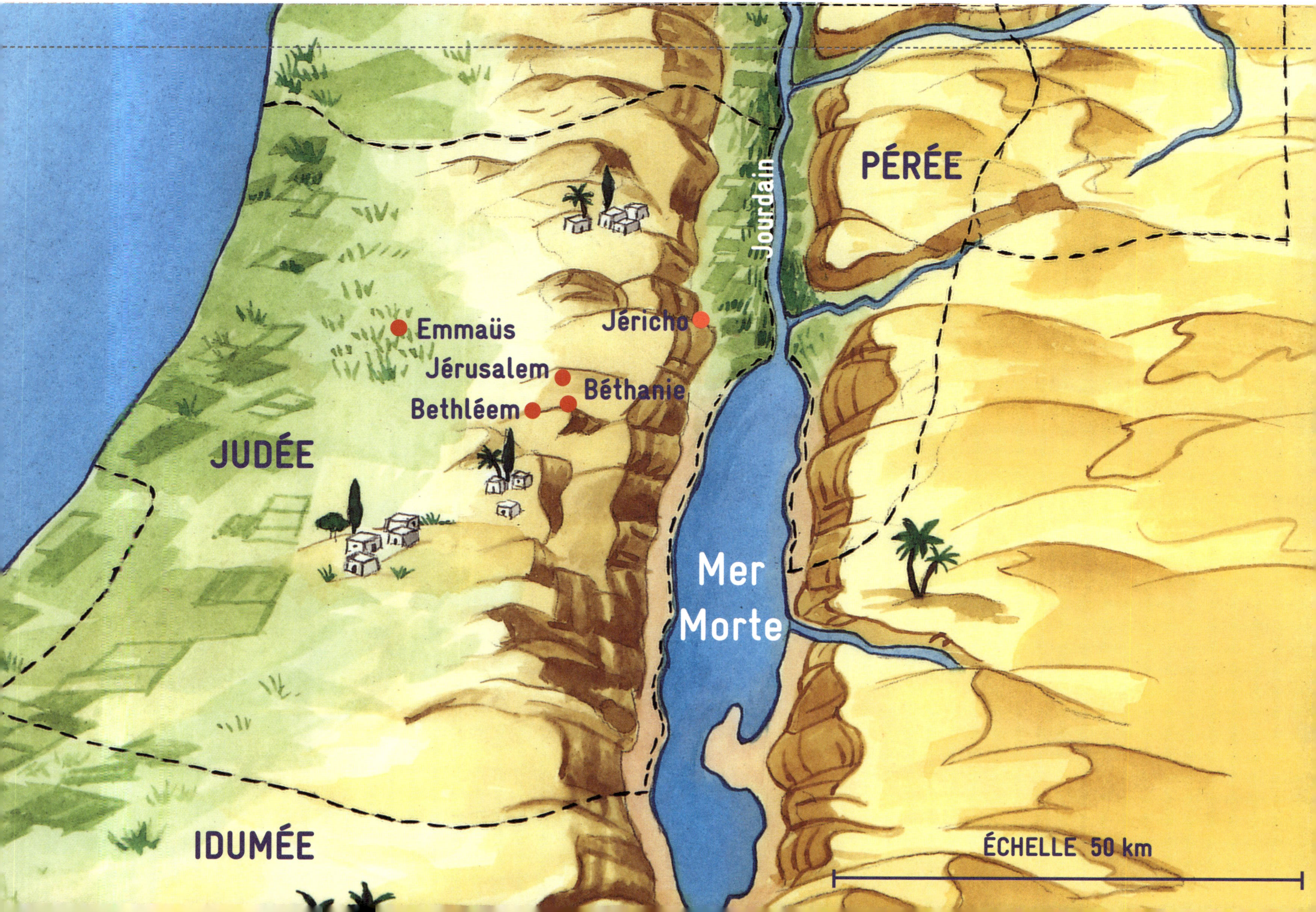
PÉRÉE
Jourdain
Jéricho
Emmaüs
Jérusalem
Béthanie
Bethléem
JUDÉE
Mer
Morte
IDUMÉE
ÉCHELLE 50 km

ÉQUIPE D'AUTEURS : Les Services Diocésains de Catéchèse de Coutances et Avranches, Bayeux et Lisieux.
Coordination du projet : Catherine Langlet

Avec la collaboration de : Père Nicolas Courtois • Père Philippe Gruson • Père Maurice Morand • Marie-Laure Rochette

Direction éditoriale : Isabelle de Wulf
Éditeur : Claire Moreau •
Illustrateurs : Pierre et Élisabeth Baulig • Armelle Boy • Régis Denel • Agnès Perruchon • Siafu • Frédérique Vayssières
Création et réalisation graphique : Malb studio Flageul.

Imprimatur à usage catéchétique en France, le 5 mars 2012
Mgr Stanislas Lalanne, évêque de Coutances et Avranches

Loi n° 49-956 du 16 juillet 1949 sur les publications destinées à la jeunesse
ISBN : 978-2-35770-147-2

CECC Faire vivre l'Église

Avec ce document, vous soutenez la responsabilité de la catéchèse dans l'Église, et vous contribuez à une solidarité financière entre les diocèses de France.

Les évêques de la Commission épiscopale de la catéchèse et du catéchuménat (CECC)

Achevé d'imprimer en Italie sur les presses de MP Stampa en avril 2012
Dépôt légal : mai 2012